No.	项　目	要　点	图　示
1	申请救援	1. 时间：动车组发生故障后，如果区间停车超过 20 min、站内停车超过 30 min 后，仍无法判明故障原因或虽已判明故障原因，但短时间内难以处置修复时	
		2. 随车机械师通知司机，由司机申请救援	
2	确认命令	1. 抄记命令号及内容	
		2. 确认救援来车方向、救援方式	
		3. 与司机共同到救援连挂端	
		4. 确认下车命令，确认临线限速（封锁）命令	
3	防止亏电	当受电弓无法升起、主断不闭合或接触网无电时：断电、降弓、拔主控	
4	设置防溜	1. 若有停放制动，通知司机施加	
		2. 无停放制动（停放制动失效），设置防溜	
		(1)平直道（与司机确认）：救援端第一根轴非会车侧车轮两侧设置止轮器	
		(2)20‰以上坡道（与司机确认）：8 辆，自坡底端向上坡方向设置 6 个铁鞋，每轴 1 个、左右侧交叉设置，如图 1 所示 16 辆，列车两端分别向上坡方向设置 6 个铁鞋，每轴 1 个、左右侧交叉设置，共设置 12 个铁鞋，如图 2 所示	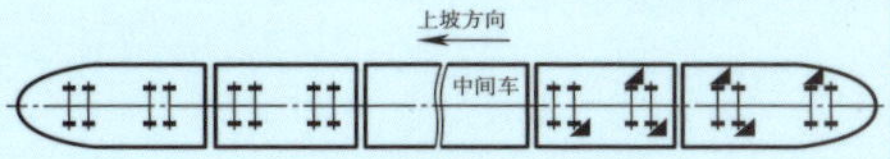 图 1 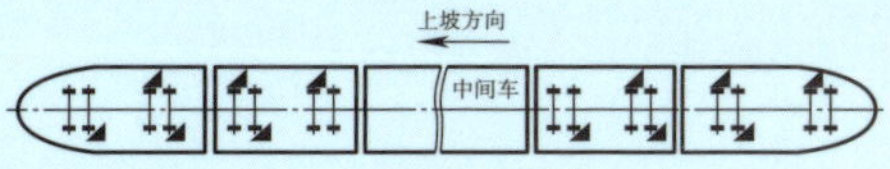 图 2
5	设置防护	1. 在仅运行动车组的线路上	
		(1)与司机联系，要求收到救援车接近的联控时，立即告知随车机械师	
		(2)救援车到来前，进行救援准备	
		(3)接到司机通知后立即停止救援准备，按照规定防护	
		a. 携带信号旗（白天）或手信号灯（夜间）到救援机车开来方向，距离列车不小于 300 m处，手信号拦停	 
		b. 非会车侧站立，防止侵限，注意人身安全	

No.	项　目	要　点	图　示
5	设置防护	c. 停车后，引导救援车再次启动到达距动车组 10 m 位置停妥	
		2. 在动车、客车混跑及既有线路上	
		(1)与司机联系，要求收到救援车接近的联控时，立即告知随车机械师	
		(2)在救援车来车方向，距离本列车不小于 300 m 处放置响墩	 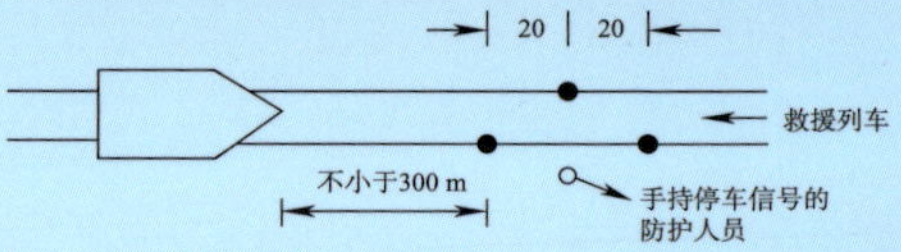
		(3)返回本车进行救援准备	
		(4)接到司机通知后立即停止救援准备，到防护处准备引导	
		a. 携带信号旗(白天)/手信号灯(夜间)到救援机车开来方向，救援车停车后，与救援司机联控，撤除响墩	
		b. 非会车侧站立，防止侵限，注意人身安全	
		c. 停车后，引导救援车再次启动到达距动车组 10 m 位置停妥	
6	连挂作业	1. 开头罩	
		(1)电动开	
		a. 投主控	
		b. 确认闭合司机室配电盘内“联解控制”和“联解限位开关”断路器	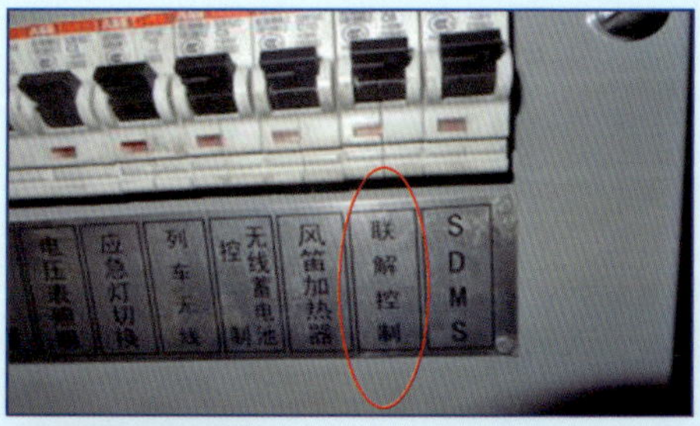 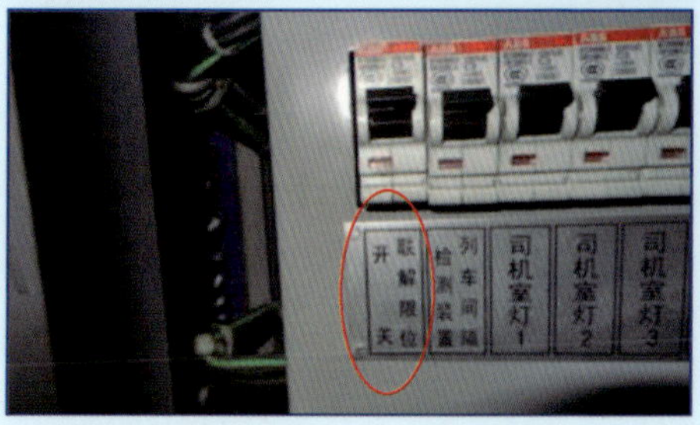

No.	项　目	要　点	图　示
		c. 通知司机操作头罩打开	
		d. 确认头罩打开，锁闭到位	
		(2)手动开	
		a. 拔主控	
		b. 钻入司机室前舱，将“头罩开”、“头罩关”、“分并总”截门关闭	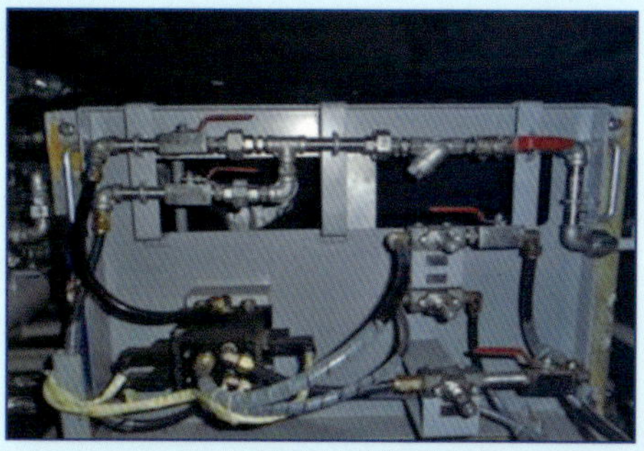
		c. 打开二道门，使用工具将卡簧顶出并设法卡住，下车将头罩手动搬开，确认卡簧卡入锁定位	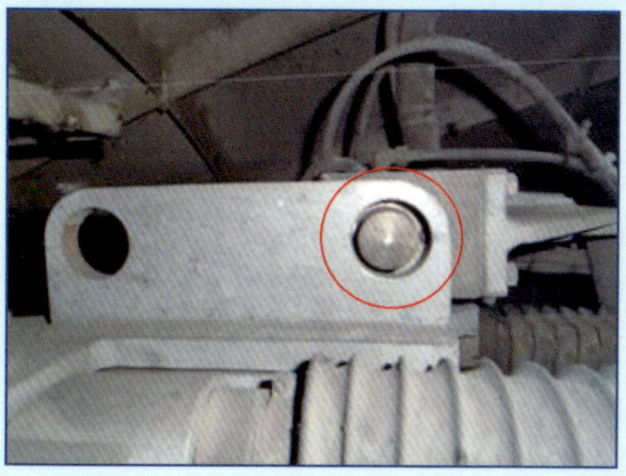
6	连挂作业	2. 挂过渡车钩	
		(1)关闭动车组截断塞门	
		(2)确认模块安装后，红线对齐	
		3. 安装风管	
		(1)安装前拆除 BP 管(粗管)防尘堵，折角塞门(上方)防尘堵	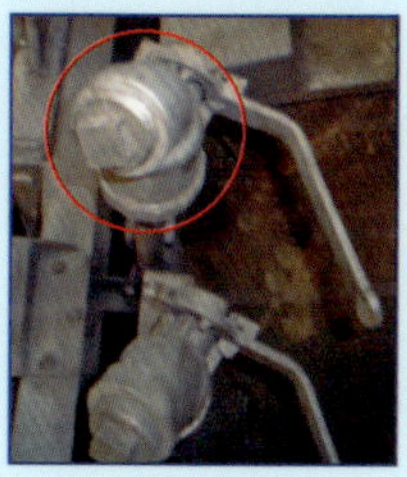 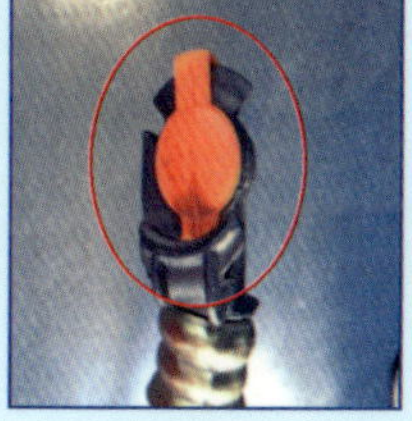
		(2)检查接口密封圈良好	
		(3)BP 管缠绕生料带，防止漏风	

No.	项　目	要　　点	图　　示
6	**连挂作业**	(4)风管最终位置，连接器朝左（面向本车车钩方向）	
		(5)拆除防跳装置	
		4. 机车连挂	
		(1)随车机械师与司机联控，引导机车距动车组 3 m 以内再次停车	
		(2)确认机车车钩与动车组过渡车钩的对正状态，若偏差影响连挂及时调整	
		(3)确认动车组已降弓、断开主断，向机车司机确认具备连挂条件后引导机车以不超过 5 km/h 速度连挂动车组	
		(4)连挂后，随车机械师确认机车车钩和机车过渡车钩模块中心水平线高度差不超过 50 mm。若超限，调整过渡车钩高度	
		5. 连挂完毕，通知机车司机进行试拉	
		6. 安装防跳装置	
		(1)上、下防跳压板朝向钩舌方向	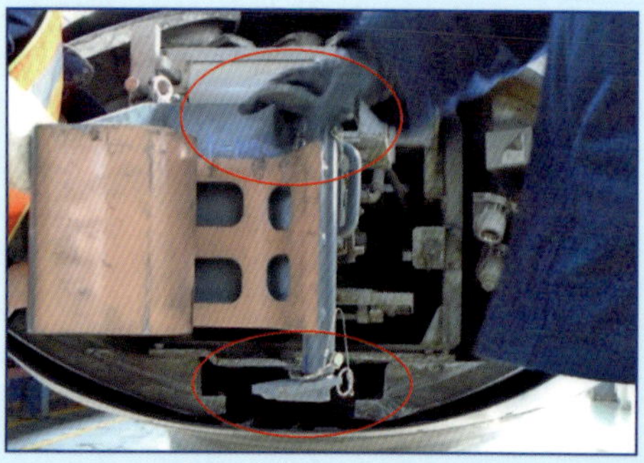
		(2)固定孔“上二下三”	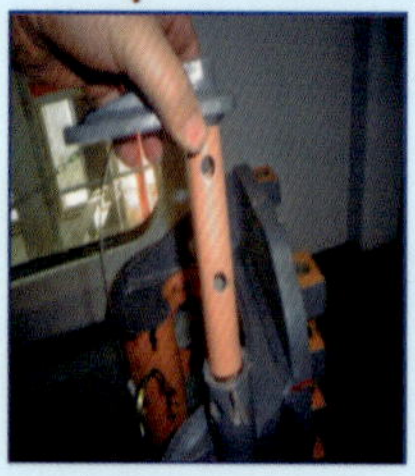 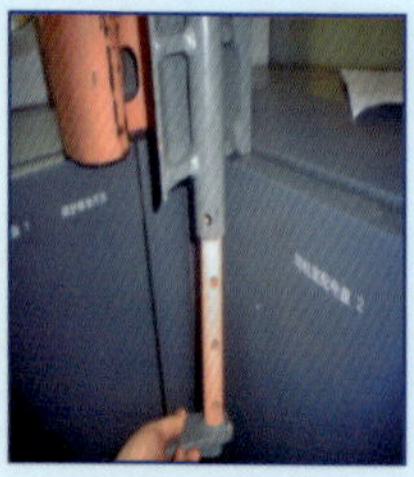

No.	项　目	要　点	图　示
6	连挂作业	(3)安装好防跳自锁销	
		7. 与救援车连接风管	
		(1)随车机械师打开救援机车列车管折角塞门后检查是否漏风,然后打开动车组截断阀门(注意:防止风管分离造成击伤)	
		(2)若需重新连挂风管,先关闭动车组 BP 管折角塞门,再关闭机车列车管折角塞门(注意:摘解时防止风管分离造成击伤)	
		8. 车上作业	
		(1)确认"救援帮助"手柄处于正常位,确认紧急开关处于正常位	
		(2)确认"空气管开闭器"处于闭位,"电气连接切换器"处于分割位	
		(3)关闭"救援旁通断"塞门(与管路垂直),打开"救援断"塞门(与管路平行)	
		(4)将救援端"救援转换装置"空开置于"闭合"位	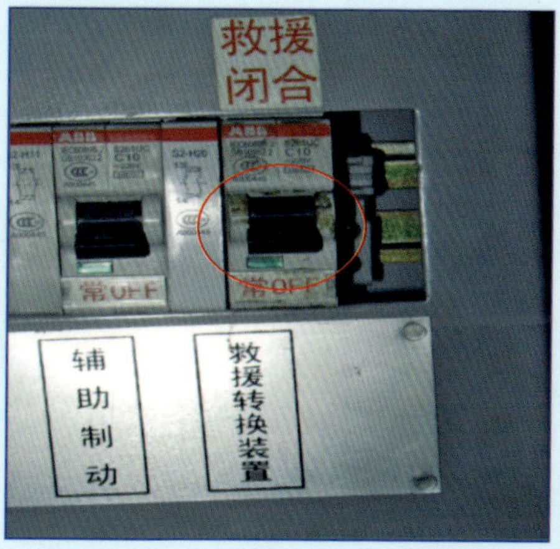

No.	项　目	要　　点	图　　示
6	连挂作业	(5)将两端司机室左侧开关盘“救援转换集控隔离开关”打到救援位(重联时,4 个开关都要打到救援位)	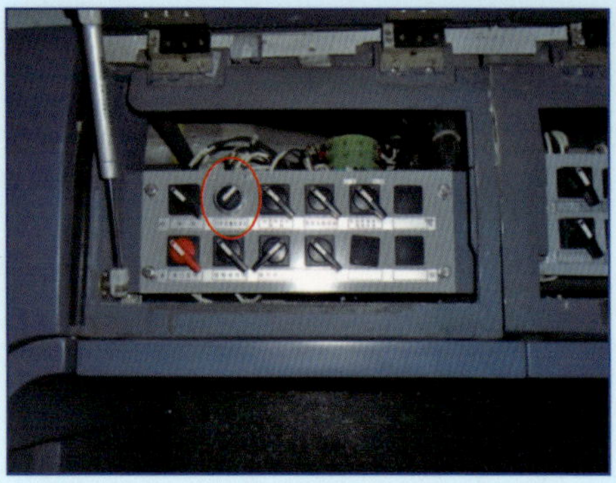
		(6)确认 ATP 处于“隔离”位	
7	开车准备	1. 机车司机进行制动试验,随车机械师确认动车组制动施加、缓解情况	
		2. 正常后通知机车司机施加制动,撤除动车组防溜(如有)。确认所有防溜全部撤除后上车通知动车组司机连挂作业完毕	
8	开 车 后	运行中,随车机械师监控蓄电池电压不低于 87 V、总风压力不低于 530 kPa	

No.	项　目	要　　点	图　　示
1	确认故障	1. 立即停车，随车机械师在监控室或主控端司机室进行故障确认	
		2. 依据故障代码提示或轴温实时监控界面（仅加装实时轴温传感器的动车组）确认轴温异常发生的车号、位置	
		3. 将故障情况及时上报	
2	申请下车命令	随车机械师向司机申请下车检查调度命令	
3	确认命令	1. 抄记命令号及内容，与司机相互签认	
		2. 确认下车命令，确认临线限速（封锁）命令	
4	下　　车	1. 穿戴好防护用品，携带点温仪，手动打开主控端头车非会车侧车门	
		2. 通知列车长安排人员对车门进行看护	
		3. 确认地面情况安全后下车	
5	点　　温	1. 随车机械师赶到故障车故障转向架，检查轴温传感器安装状态是否良好，接线有无破损、断裂	
		2. 检查轴箱体、齿轮箱外观状态、安装螺栓状态是否良好，有无漏油、渗油现象	

No.	项　目	要　　点	图　　示
5	点　　温	3. 对故障车故障转向架 2 个齿轮箱、4 个轴箱进行点温，并记录点温数据	 轴箱  齿轮箱电机侧  小齿轮车轮侧  大齿轮车轮侧
		4. 对相邻车辆正常轴箱、齿轮箱进行点温，并记录点温数据	
6	限速运行	1. 如果轴箱温度超过 80 ℃或与相邻车正常轴箱温差超过 20 K；齿轮箱轴承温度座超过 100 ℃或箱壁温度超过 90 ℃。就地申请救援或限速 40 km/h 运行至前方站	
		2. 如果不超上述范围则为误报警，检查完毕通知司机。司机切除轴温报警信息，随车机械师右旋故障车配电盘内“轴温控车隔离 1”或“轴温控车隔离 2”旋钮至红点位，“轴温控车隔离 1”对应 1 位转向架，“轴温控车隔离 2”对应 2 位转向架。处理完毕，维持运行	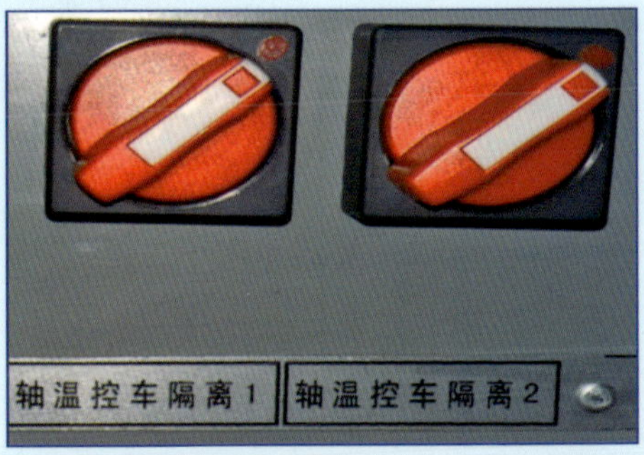
		3. CRH380AL 型动车组还需安装应急轴温无线检测装置，并对故障轴温实时监控	
		4. 随车机械师应在车内故障转向架上方加强巡视，若发现明显的异常振动、异音等情况，应立即通知司机停车检查，并向列车调度员汇报	
7	更换车底	1. 每个办客站由机械师下车点温	
		2. 若相邻两个办客站点温时间间隔超过 1 h，由司机联系列车调度员安排预设车站停车点温	
		3. 列车维持运行至具备更换车底条件的车站换车	

No.	项目	要点	图示
1	确认故障	1. 立即停车，随车机械师在监控室或主控端司机室进行故障确认	
		2. 依据故障代码提示或轴温实时监控界面(仅加装实时轴温传感器的动车组)确认齿轮箱温度异常发生的车号、位置	
		3. 将故障情况及时上报	
2	申请下车命令	随车机械师向司机申请下车检查调度命令	
3	确认命令	1. 抄记命令号及内容，与司机相互签认	
		2. 确认下车命令，确认临线限速(封锁)命令	
4	下车	1. 穿戴好防护用品，携带点温仪，手动打开主控端头车非会车侧车门	
		2. 通知列车长安排人员对车门进行看护	
		3. 确认地面情况安全后下车	
5	点温	1. 随车机械师赶到故障车故障转向架，检查轴温传感器安装状态是否良好，接线有无破损、断裂	
		2. 检查轴箱体、齿轮箱外观状态、安装螺栓状态是否良好，有无漏油、渗油现象	

No.	项 目	要 点	图 示
5	点 温	3. 对故障车故障转向架 2 个齿轮箱、4 个轴箱进行点温，并记录点温数据	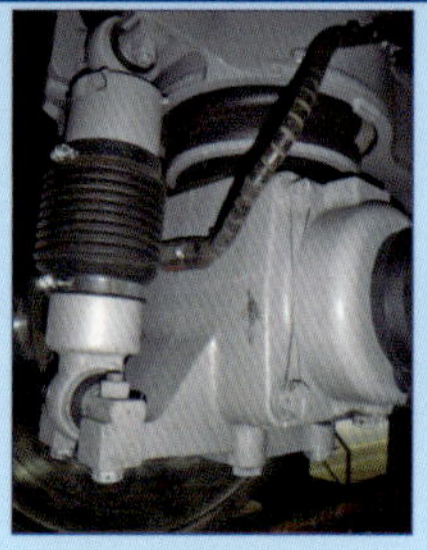 轴箱  齿轮箱电机侧  小齿轮车轮侧  大齿轮车轮侧
		4. 对相邻车辆正常轴箱、齿轮箱进行点温，并记录点温数据	
6	限速运行	1. 如果轴箱温度超过 80 ℃或与相邻车正常轴箱温差超过 20 K；齿轮箱轴承温度座超过 100 ℃或箱壁温度超过 90 ℃。就地申请救援或限速 40 km/h 运行至前方站	
		2. 如果不超上述范围则为误报警，检查完毕通知司机。司机切除轴温报警信息，随车机械师右旋故障车配电盘内“轴温控车隔离 1”或“轴温控车隔离 2”旋钮至红点位，“轴温控车隔离 1”对应 1 位转向架，“轴温控车隔离 2”对应 2 位转向架。处理完毕，维持运行	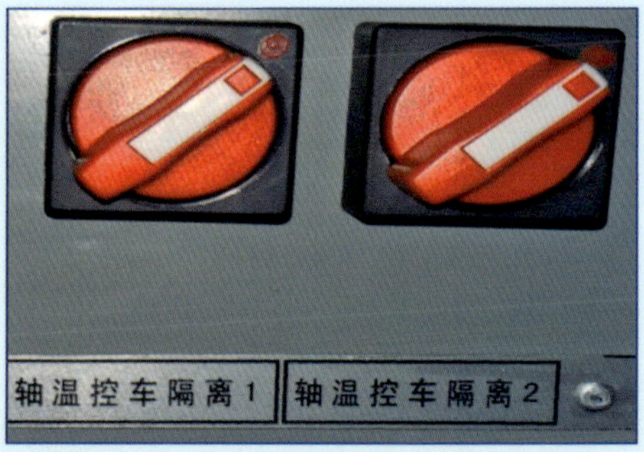
		3. CRH380AL 型动车组还需安装应急轴温无线检测装置，并对故障轴温实时监控	
		4. 随车机械师应在车内故障转向架上方加强巡视，若发现明显的异常振动、异音等情况，应立即通知司机停车检查，并向列车调度员汇报	
7	更换车底	1. 每个办客站由机械师下车点温	
		2. 若相邻两个办客站点温时间间隔超过 1 h，由司机联系列车调度员安排预设车站停车点温	
		3. 列车维持运行至具备更换车底条件的车站换车	

No.	项　目	要　点	图　示
1	确认故障	1. 当 MON 屏主菜单页面闪现“故障发生信息”提示，并伴有声音报警时，司机触按左下方“故障详情”键，确认故障情况，立即停车，并通知随车机械师	
		2. 随车机械师立即赶到司机室确认故障信息。“抱死 1(151)”对应转向架 1，“抱死 2(152)”对应转向架 2。通过“上一页”、“下一页”检查是否伴随报出“制动控制装置 速度发电机断线”故障。“制动控制装置 速度发电机断线 1(060)”对应 1 轴，“制动控制装置 速度发电机断线 2(061)”对应 2 轴，“制动控制装置 速度发电机断线 3(062)”对应 3 轴，“制动控制装置 速度发电机断线 4(063)”对应 4 轴	
		3. 通过 MON 屏查看故障车是否有轴温报警信息	
		4. 将故障情况及时上报	
2	申　请 下车命令	随车机械师向司机申请下车检查调度命令	
3	确认命令	1. 抄记命令号及内容，与司机相互签认	
		2. 确认下车命令，确认临线限速(封锁)命令	
4	车　上	在等待调度命令时赶往故障车厢进行关门车处理。CRH380A 统型(1 车、3 车、7 车、8 车)、CRH2A 统型(1 车、4 车、5 车、8 车)、CRH2E 统型(1 车、4 车、5 车、8 车、9 车、12 车、13 车、16 车)还需切除故障车厢的停放制动	
5	下　车	1. 穿戴好防护用品，手动打开主控端头车非会车侧车门	
		2. 通知列车长安排人员对车门进行看护	
		3. 确认地面情况安全后下车。按规定设置防溜装置，并通知司机降弓断电	
6	静态检查	1. 随车机械师从会车侧到达故障车厢，根据故障信息检查故障轴(转向架)，如报有“制动控制装置　速度发电机断线”故障只检查对应轴	

No.	项　目	要　　点	图　　示
6	**静态检查**	2. 检查故障轴(转向架)轴箱外观良好,无击打痕迹,速度传感器(仅拖车)、温度传感器接线无松脱,探头安装良好	  
		3. 同时使用点温枪对轴端进行点温。轴箱温度不超过 80 ℃且与相邻车辆正常轴箱温差应在 20 K 范围内。轴箱的点温部位为轴箱体上部区域,选取轴箱体上至少两个距轴承位置最近的点。对牵引电机定子点温,定子铁芯表面最高温度不超过 170 ℃且同节车厢 4 台牵引电机温度差不超过 20 K	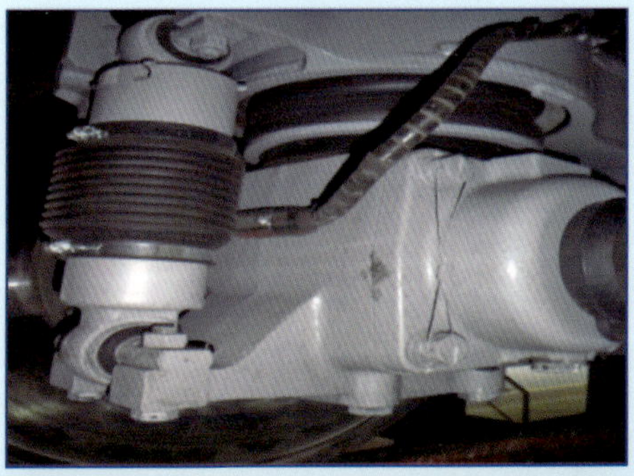 

No.	项　目	要　　点	图　　示
6	静态检查	4. 使用配备工装对制动夹钳缓解状态进行检查。将钩头勾在制动夹钳下端，来回进行拽拉。来回晃动证明该夹钳缓解状态良好。检查相应制动盘应无异常磨耗（如无工具，则用手拽拉夹钳晃动检查）	 
		5. 俯身检查故障轴（转向架）附近转向架各部件和裙板、底板、车端立板是否有异物击打和甩油痕迹	
		6. 从转向架两条轮对中间空隙处背部伏于地面钻入车底检查	
		7. 身体完全进入车底后，检查故障齿轮箱、安全吊杆及螺栓和橡胶节点可见部分有无松动、破损	
		8. 在原位置检查小齿轮箱轮对侧箱体及小齿轮箱轮对侧轴承温度传感器外观是否异常（只有 CRH380A 统型、CRH2A 统型动车组此处有轴承温度传感器）。小齿轮箱轮对侧漏油重点检查项点有轴承点温处、温度传感器与箱体结合处。对小齿轮箱轮对侧轴承点温，至少选取两点；在齿轮箱箱体壁任取两点点温。齿轮箱轴承座温度不超过 100 ℃且箱壁温度不超过 90 ℃	

<table>
<tr><th>No.</th><th>项　目</th><th>要　　点</th><th>图　　示</th></tr>
<tr><td rowspan="5">6</td><td rowspan="5">**静态检查**</td><td>9. 检查联轴节无异物击打和甩油痕迹，螺栓无松脱。联轴节两端与牵引电机和齿轮箱连接处状态良好，联轴节无过热痕迹</td><td></td></tr>
<tr><td>10. 检查牵引电机无异物击打痕迹、传动端和非传动端无油迹</td><td></td></tr>
<tr><td>11. 检查轮对踏面无擦伤</td><td></td></tr>
<tr><td>12. 身体背地匍匐至轴身底部，检查齿轮箱箱体、轴身、底板、车端立板是否有异物击打和甩油痕迹</td><td></td></tr>
<tr><td>13. 身体背地匍匐至齿轮箱油位视窗后检查齿轮箱油位是否正常</td><td></td></tr>
</table>

No.	项　目	要　　点	图　　示
6	**静态检查**	14. 身体匍匐至车端立板后背靠立板坐起。检查接地装置、大小齿轮箱电机侧箱体、大小齿轮箱电机侧轴承温度传感器(只有CRH380A统型、CRH2A统型、CRH2E统型动车组此处有轴承温度感器)、齿轮箱箱体温度传感器外观是否异常。大小齿轮箱电机侧漏油重点检查项点有轴承点温处、温度传感器与箱体结合处、油位视窗、注油堵、排油堵、磁石式油塞。检查齿轮箱呼吸装置外观良好,呼吸帽无缺失,箱体顶部状态良好。对大小齿轮箱电机侧轴承点温,各自至少选取两点	   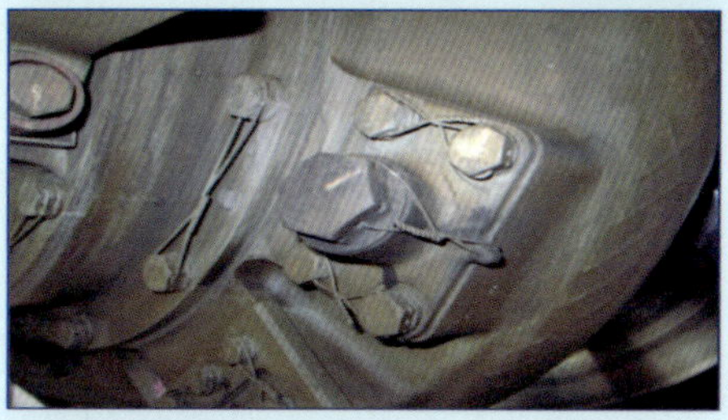   

No.	项　目	要　点	图　示
6	静态检查	15. 原地检查大齿轮箱轮对侧箱体及大齿轮箱轮对侧轴承温度传感器外观是否异常(只有CRH380A统型、CRH2A统型、CRH2E统型动车组此处有轴承温度传感器)。大齿轮箱轮对侧漏油重点检查项点有轴承点温处、温度传感器与箱体结合处。对大齿轮箱轮对侧轴承点温,至少选取两点	
		16. 检查联轴节无异物击打和甩油痕迹,螺栓无松脱。联轴节两端与牵引电机和齿轮箱连接处状态良好,联轴节无过热痕迹	
		17. 检查牵引电机无异物击打痕迹,传动端和非传动端无油迹,非传动端速度传感器安装良好	
		18. 使用配备工装对制动夹钳缓解状态进行检查。将钩头勾在制动夹钳下端,来回进行拽拉。用来回晃动证明该夹钳缓解状态良好。检查相应制动盘无异常磨耗,轮对踏面无擦伤	
		19. 从非会车侧钻出车底。检查故障轴(转向架)轴箱外观良好,无击打痕迹,速度(仅拖车)、温度传感器接线无松脱,探头安装良好。同时使用点温枪对轴端进行点温	
7	动态检查	联系司机升弓供电,撤除防溜装置,动车组以不高于5 km/h速度运行约20 m,随车机械师目视确认该走行部是否出现真正抱死及异常响声	
8	救援或维持运行	若走行部未抱死,随车机械师通知司机通过MON屏对故障车进行“抱死切除”和“切除M车”操作,按照限速规定维持运行。随车机械师在故障转向架上方重点监控,若发现异音、异状等异常情况,立即通知司机停车下车检查。除必要巡视,必须在故障车监控。随车机械师向司机申请前方车停车检查。动车组到达折返站后,随车机械师需向当地局调度申请下车检查,再次对故障部位进行确认。若走行部抱死申请救援	
9	前方站检查	制动切除恢复运行时,动车组随车机械师按规定申请前方站停车检查,对制动切除车厢制动盘进行点温,重点检查是否存在抱闸现象	

No.	项　目	要　点	图　示
1	**故障确认**	随车机械师发现或接到感烟探头火灾报警(401～424)时，立即赶往报警位置进行故障确认。需要下车确认火警火情或采取防溜、防护措施时，随车机械师办理相关手续后下车进行检查	
2	**吸烟或误报**	1. 若因旅客吸烟或系统误报，立即在监控室的烟火探测控制器上进行复位，正常运行	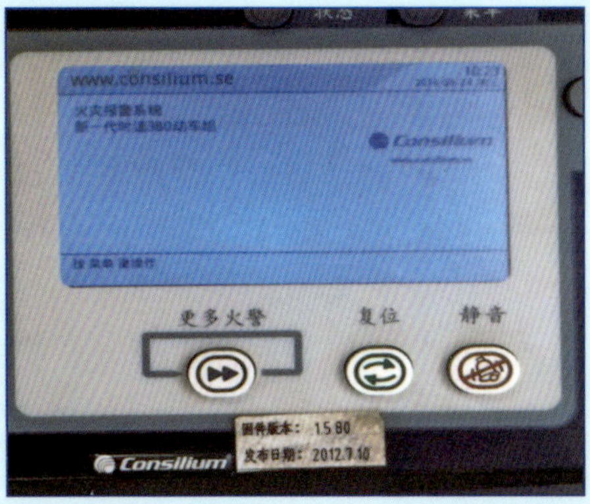
		2. 不能复位时，断开故障车辆配电盘“烟火报警装置”断路器，重点监控维持运行	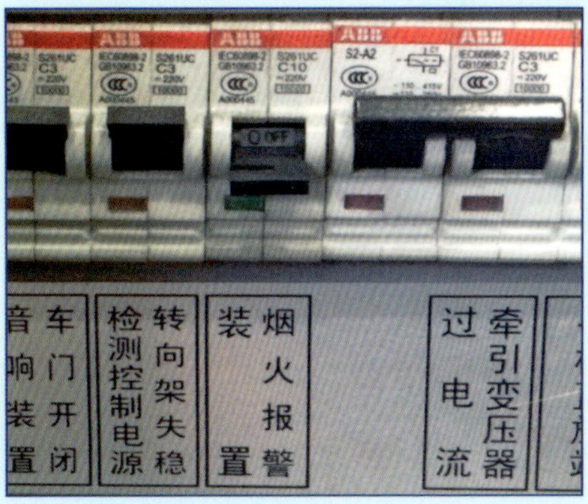
		3. 将情况及时上报	
3	**发现火情**	1. 若发现火情，应立即通知司机停车，断电、降弓	
		2. 无制动停放装置的由随车机械师做好防溜、防护工作	
		3. 听从列车长指挥，进行火灾扑救、旅客疏散等工作	
		4. 随车机械师配合列车长组织事故车厢的旅客向安全车厢疏散	
		5. 待全部人员向安全车厢疏散完毕，火势仍未得到有效控制，需向地面疏散时，关闭通道阻火门，手动打开非会车侧车门，安装好应急梯，组织旅客向地面疏散	

No.	项　目	要　点	图　示
1	**故障确认**	随车机械师发现或接到感烟探头火灾报警(401～424)时,立即赶往报警位置进行故障确认。需要下车确认火警火情或采取防溜、防护措施时,随车机械师办理相关手续后下车进行检查	
2	**吸烟或误报**	1. 若因旅客吸烟或系统误报,立即在监控室的烟火探测控制器上进行复位,正常运行	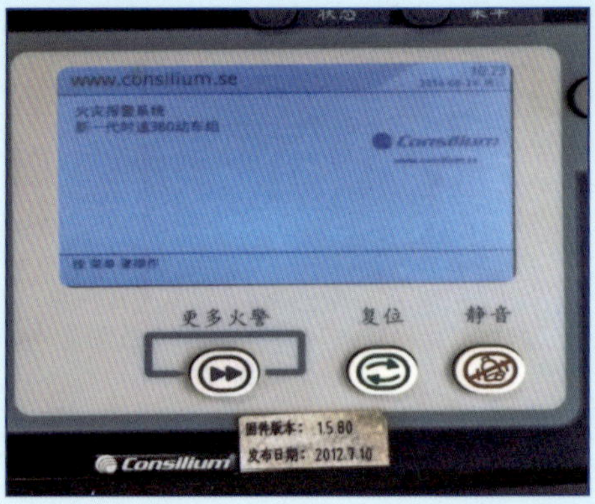
		2. 不能复位时,断开故障车辆配电盘“烟火报警装置”断路器,重点监控维持运行	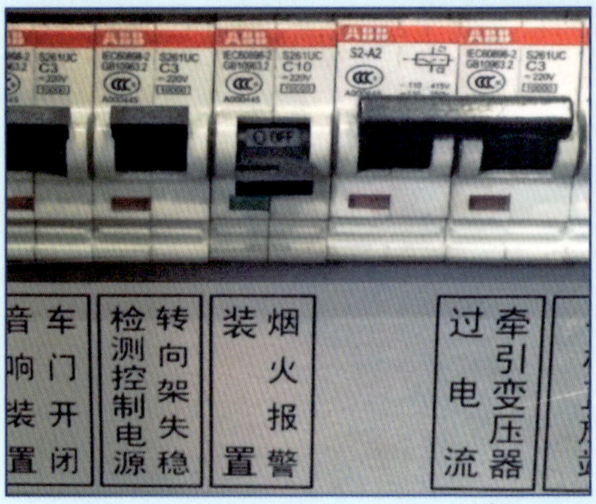
		3. 将情况及时上报	
3	**发现火情**	1. 若发现火情,应立即通知司机停车,断电、降弓	
		2. 无制动停放装置的由随车机械师做好防溜、防护工作	
		3. 听从列车长指挥,进行火灾扑救、旅客疏散等工作	
		4. 随车机械师配合列车长组织事故车厢的旅客向安全车厢疏散	
		5. 待全部人员向安全车厢疏散完毕,火势仍未得到有效控制,需向地面疏散时,关闭通道阻火门,手动打开非会车侧车门,安装好应急梯,组织旅客向地面疏散	

No.	项　目	要　点	图　示
1	确认故障	1. 随车机械师接到或发现车外异响时，立即通知司机停车	
		2. 将故障情况及时上报	
2	申　请 下车命令	随车机械师向司机申请下车检查调度命令	
3	确认命令	1. 抄记命令号及内容，与司机相互签认	
		2. 确认下车命令，确认临线限速（封锁）命令	
4	下　车	1. 穿戴好防护用品，手动打开主控端头车非会车侧车门	
		2. 通知列车长安排人员对车门进行看护	
		3. 确认地面情况安全后下车	
5	检　查	1. 检查相关车下裙板、底板有无异常，车下有无异物悬挂	
		2. 检查头罩、排障器有无击打等异常	

No.	项　目	要　　点	图　　示
5	检　　查	3. 检查走行部各部件有无异常，车轮踏面有无擦伤、剥离等问题	 
		4. 检查牵引电机通风机、变压器、变流器、空调、换气装置等旋转部件有无异振、异响。若有异常，打开活门检查确认	
		5. 检查车顶设备有无异放电、异物等	
		6. 检查完毕，通知司机。随车机械师还应通知司机以不高于 5 km/h 的速度运行约 20 m，随车机械师再进行故障车动态检查，确认各部位是否存在异常	
6	处　　理	1. 若无异常，正常运行	
		2. 若有异常，按相关规定处理	

No.	项　目	要　点	图　示
1	确认故障	1. 随车机械师发现或接到司机通知受电弓自动降弓时，立即通知司机停车，切除故障受电弓，随车机械师在监控室或主控端司机室进行故障确认 2. 依据故障代码提示确认故障发生的车号 3. 装备有受电弓监控装置的动车组，随车机械师应立即通过受电弓视频监控装置确认受电弓外观状态，并通过视频回放查看降弓原因，经检查确认受电弓可见部分无明显异常或不超限、无脱落风险时，通知司机换弓正常运行 4. 未装备受电弓视频监控装置、受电弓视屏监控装置使用状态不良的动车组或无法确认受电弓状态时，随车机械师按规定申请下车检查、确认受电弓状态 5. 将故障情况及时上报	
2	申请下车命令	随车机械师向司机申请下车检查调度命令	
3	确认命令	1. 抄记命令号及内容，与司机相互签认 2. 确认下车命令，确认临线限速（封锁）命令	
4	下　车	1. 穿戴好防护用品，手动打开主控端头车非会车侧车门 2. 通知列车长安排人员对车门进行看护 3. 确认地面情况安全后下车	
5	受电弓外观状态检查	随车机械师赶到故障受电弓位置，检查受电弓状态 (1)若检查接触网正常，受电弓外观可见部分无明显异常或超限但未能判明降弓原因时，随车机械师应立即将检查情况报告司机，司机报告列车调度员。司机换弓运行，限速160 km/h运行至前方站	

No.	项　目	要　点	图　示
5	受电弓外观状态检查	如前方站为终点站，启动热备动车组替换。如前方站为非终点站时，随车机械师在停站后使用望远镜或其他手段进行进一步检查确认，如确认受电弓外观整体正常或不影响运行安全时，动车组以正常速度维持运行至终点站，启动热备动车组替换。如不能确认，则必须登顶检查	
		(2)如受电弓轻微损坏，且无部件脱落危险时，随车机械师通知司机换弓后以不高于120 km/h 的速度运行至前方站停车。停车后，随车机械师下车进一步确认，如确认受电弓无脱落危险时，通知司机限速 160 km/h 运行 如发现受电弓损坏部位有扩展趋势，则必须按规定程序登顶检查处理	
		(3)如检查时发现受电弓刮弓或损坏较严重，有部件脱落危险时，随车机械师必须登顶处理	
6	登顶处理	1. 随车机械师应通知司机请求接触网停电、登顶作业命令，对动车组设置防溜	
		2. 在得到接触网已停电准许登顶作业的调度命令和列车调度员已发布邻线列车限速 160 km/h 及以下调度命令指示后，升另一良好受电弓，与司机共同确认无网压。四方平台动车组须合接地装置实施放电	
		3. 穿戴好防护用品，使用验电器确认接触网停电	 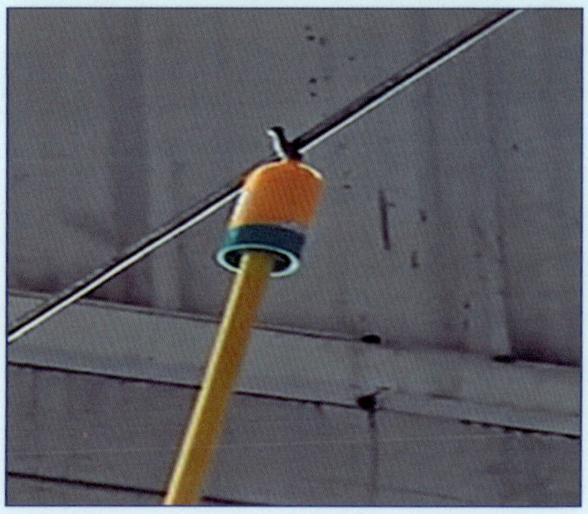

No.	项　目	要　　点	图　　示
6	登顶处理	4. 在动车组两端外侧分别固定接地线挂接地杆	 
		5. 通过应急登顶梯或外风挡内的登顶梯登上动车组顶部处理	 

No.	项　目	要　　点	图　　示
6	登顶处理	6. 对受损部位进行捆绑，无法使用绑扎器绑扎的使用铁丝进行绑扎。对于受损不便于捆绑的部件，进行拆卸处理	
		7. 确保受损受电弓离开接触网的距离大于 300 mm，无部件脱落危险，且距离车顶高压器件的距离大于 300 mm；处理完毕后，随车机械师清点作业工具材料、收回登顶梯，撤除临时接地装置。在司机手账上签认，通知司机使用良好受电弓，撤除防溜，正常运行	 
		8. 如经现场登顶确认全部受电弓受损严重，在所有受损受电弓捆扎完毕，确认受损受电弓、车顶其他部件离开接触网的距离大于 300 mm 后，通知司机请求救援	

No.	项目	要点	图示
1	**紧急复位**	随车机械师确认总风管压力是否正常，进行紧急复位操作。紧急制动缓解后进行制动试验，制动试验正常，继续运行	
2	**故障排查**	1. 若紧急制动无法缓解，查看 MON 屏各车配电盘紧急制动信息	
		2. 若“配电盘信息”界面中仅主控端 JTR 变红，各车紧急制动信息正常，随车机械师闭合主控端司机室总配电盘中应急短接开关 3-154G1	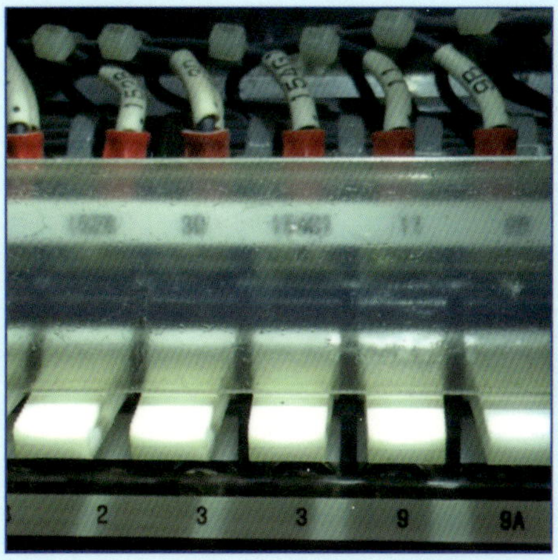
		3. 若“配电盘信息”界面中部分车辆 UVR 报红，将故障车做关门车操作	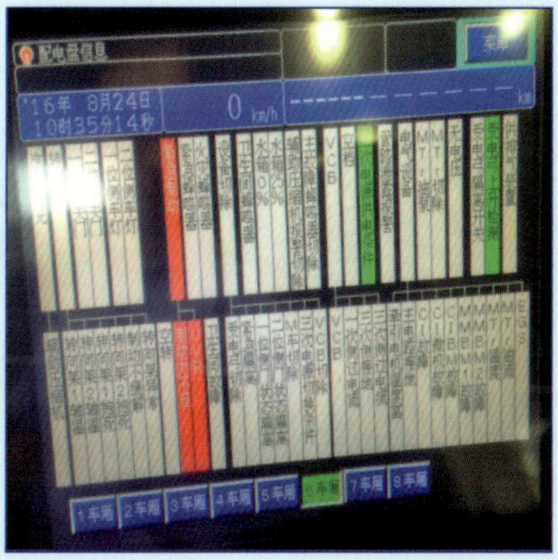

No.	项　目	要　　点	图　　示
2	故障排查	4. 若“配电盘信息”界面中全列 UVR 报红，随车机械师闭合主控端司机室总配电盘中应急短接开关 140-153。处理完毕通知司机	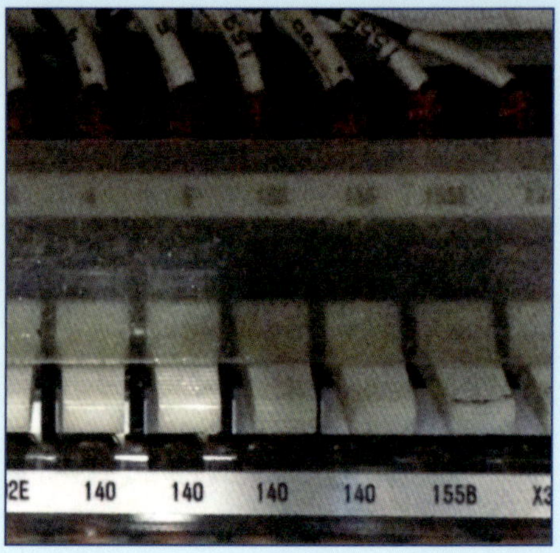
		5. 司机再次进行紧急制动复位操作，确认紧急制动缓解后，进行制动缓解试验，正常后维持运行	
		6. 实施短接后，维持运行到具备条件的车站换乘	
3	监控运行	操作应急短接开关后，密切关注 MON 屏“制动信息”界面列车总风缸压力、各车制动缸压力、各车配电盘紧急制动信息；同时关注紧急制动主故障等状态。发现异常，采用快速制动停车	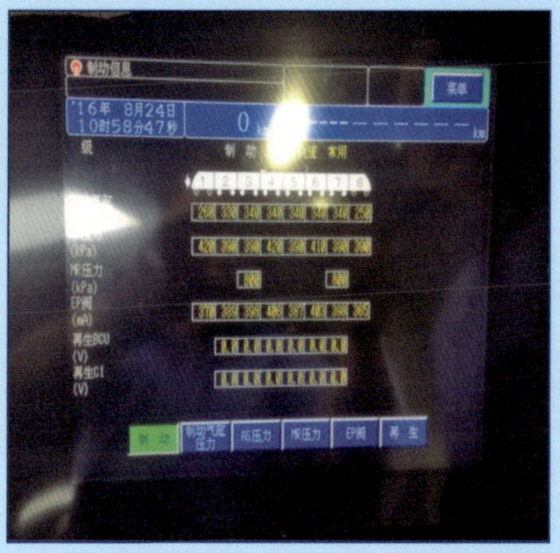
4	短接恢复	列车到站换乘或入库检修后务必及时将应急短接开关恢复至正常位	

No.	项　目	要　　点	图　　示
1	准备未完	确认“准备未完”显示灯是否熄灭，若灯亮，则右旋“辅助空气压缩机控制”旋钮保持 3 s，启动辅助空气压缩机打风，直到“准备未完”显示灯灭	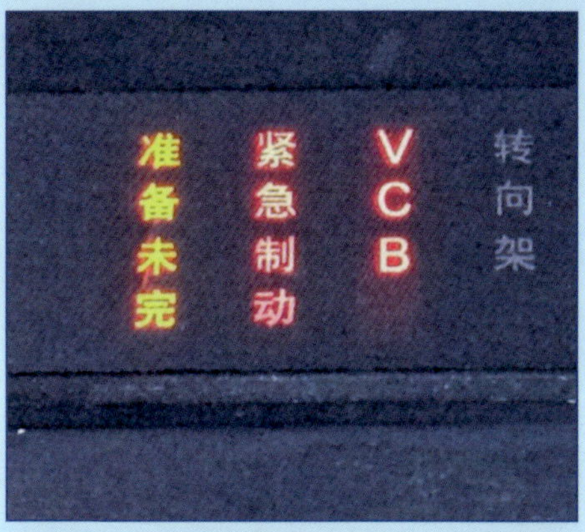 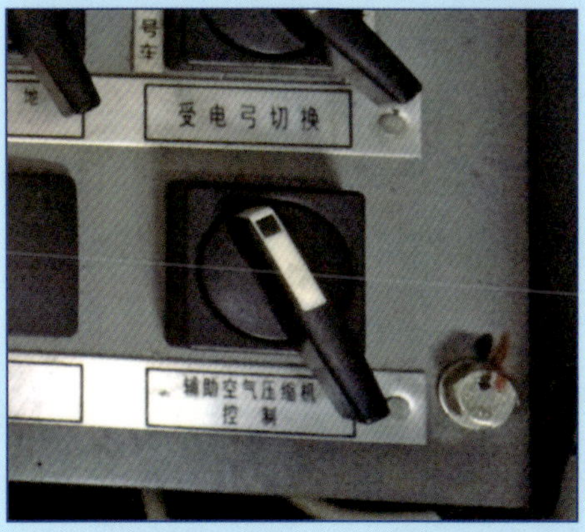
2	VCB 被切除	通过 MON 屏确认故障 VCB 是否远程切除，若切除，则恢复	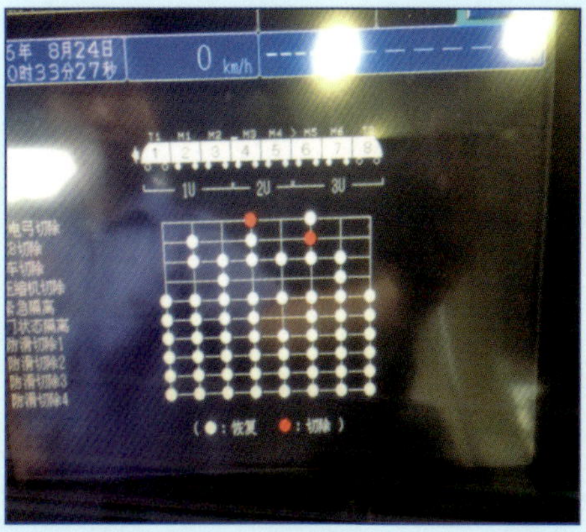
3	一次侧、三次侧故障	1. 通过 MON 屏检查相应车“配电盘信息”有无发生“主电路接地”、“CI 故障”、“MTr 油流”、“三次侧接地”、“三次侧过电流”	
		2. 若发生，则进行 RS 复位	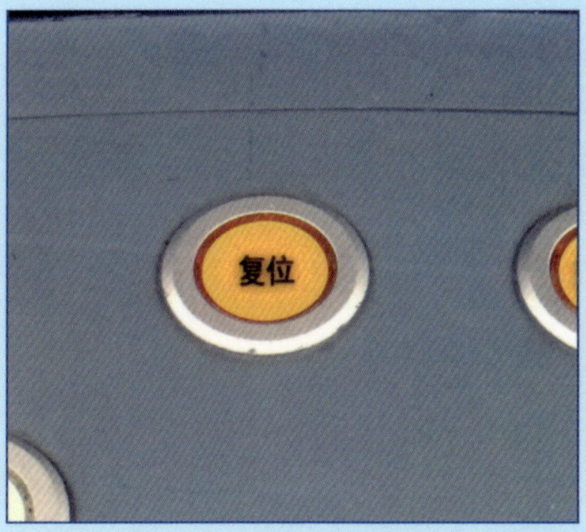

No.	项　目	要　点	图　示
3	一次侧、三次侧故障	3. 按压“VCB 合”按钮，若 VCB 仍不能闭合，通知随车机械师	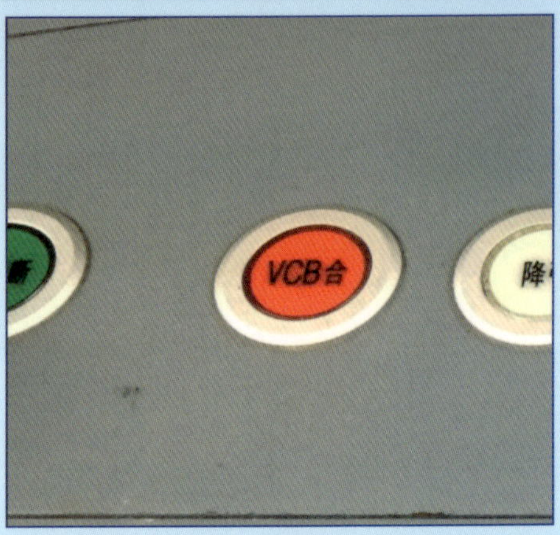
		4. 立即确认故障 VCB 对应车配电盘中的“牵引变压器油流”、“辅助电路过电流”、“牵引变压器过电流”、“真空断路器”、“扩展供电”断路器是否处于闭合状态，若断开，则闭合	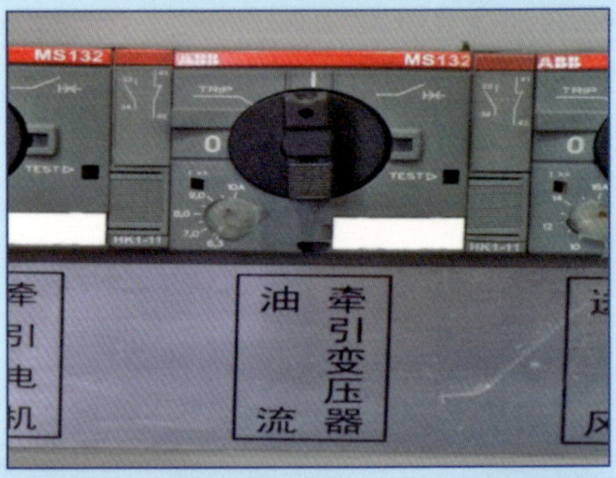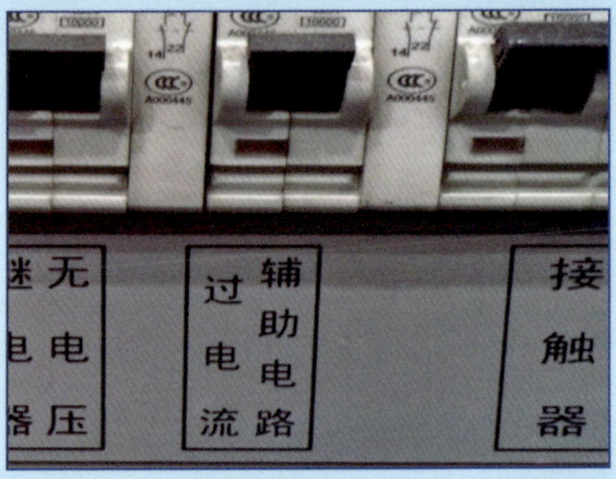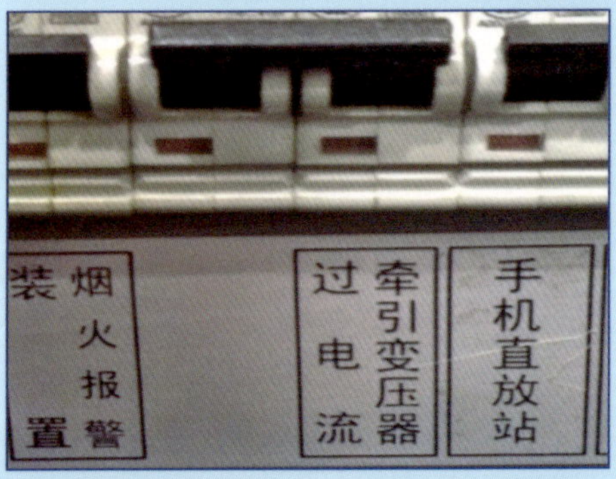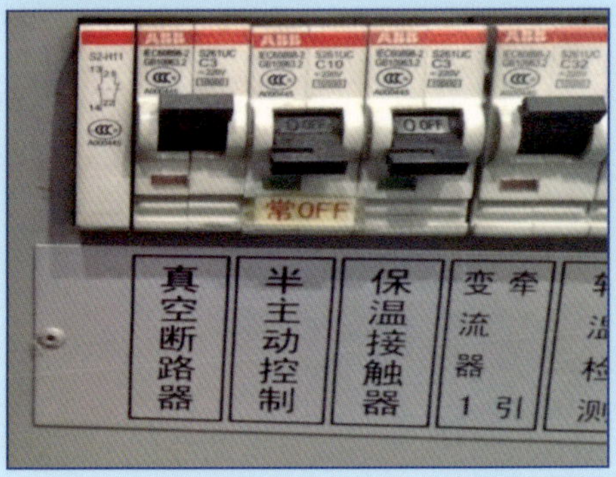

No.	项　目	要　点	图　示
3	一次侧、三次侧故障	4. 立即确认故障 VCB 对应车配电盘中的“牵引变压器油流”、“辅助电路过电流”、“牵引变压器过电流”、“真空断路器”、“扩展供电”断路器是否处于闭合状态，若断开，则闭合	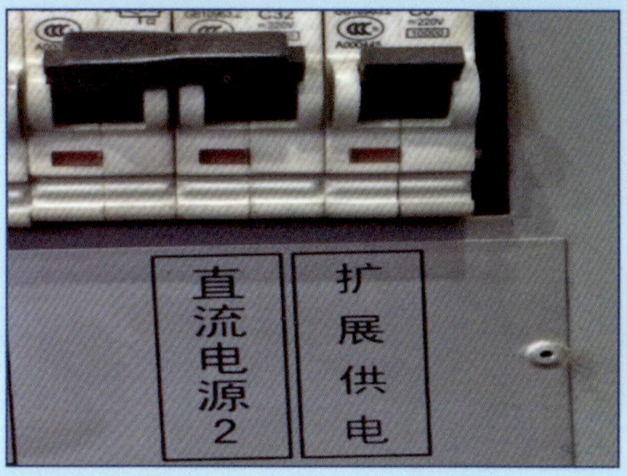
		5. 确认故障 VCB 对应单元的各 M 车配电盘中的“牵引变流器 1”断路器是否处于闭合状态，若断开，则闭合。确认完毕，通知司机	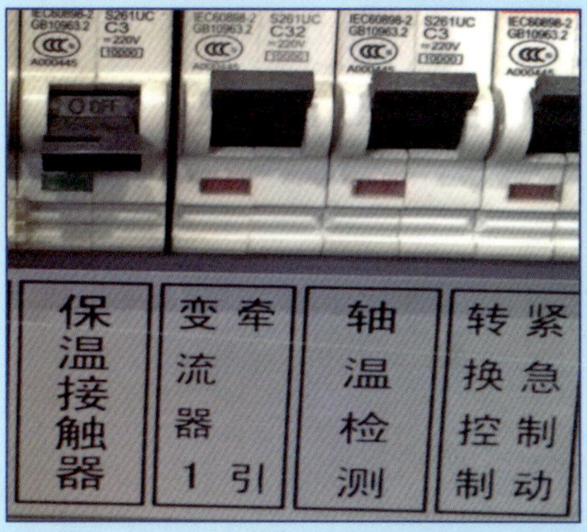
		6. 按压“VCB 合”按钮，若仍不能闭合，远程切除故障 VCB，闭合 ACK2 进行扩展供电	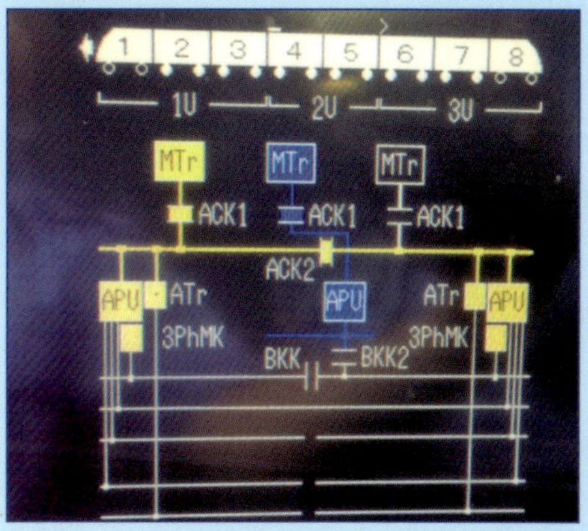
4	3 车或 13 车辅助空压机调压器故障（适用于 CRH380AL 型动车组）	1. 2、4 车或 12、14 车 VCB 无法闭合，“准备未完”显示灯亮，总风压力在 780～880 kPa	
		2. 立即到 3 车或 13 车确认“辅助空气压缩机”空开状态	

No.	项　目	要　点	图　示
4	3 车或 13 车辅助空压机调压器故障（适用于 CRH380AL 型动车组）	3. 若“辅助空气压缩机”空开跳开，重新闭合	
		4. 若“辅助空气压缩机”空开未跳开，闭合 3 车或 13 车配电柜中辅助空压机调压器“应急短路开关”（正常在断开位），通知司机闭合 VCB 维持运行	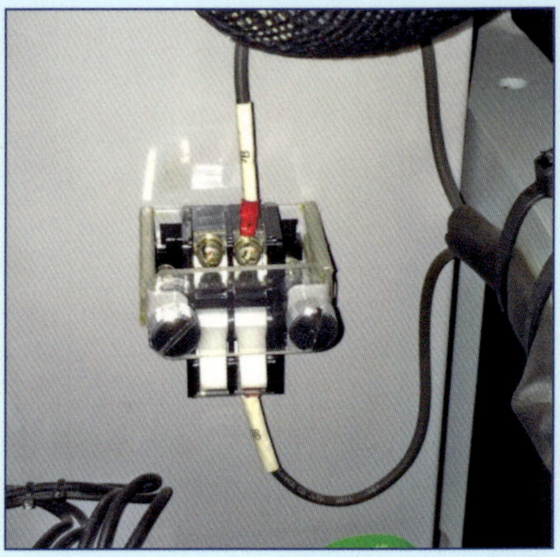
		5. 司机在运行中密切监控辅助空压机，风压需在 640 kPa 以上	
		6. 处理完毕后，禁止右旋“辅助空气压缩机控制”旋钮，启动辅助空气压缩机	

No.	项　目	要　点	图　示
1	**按压 VCB 合**	不停车，按压“VCB 合”按钮，若闭合则继续运行	
2	**检查“受电弓 · VCB”断路器**	若不闭合，确认主控端司机室配电盘“受电弓 · VCB”断路器状态是否处于闭合状态，若断开，则闭合	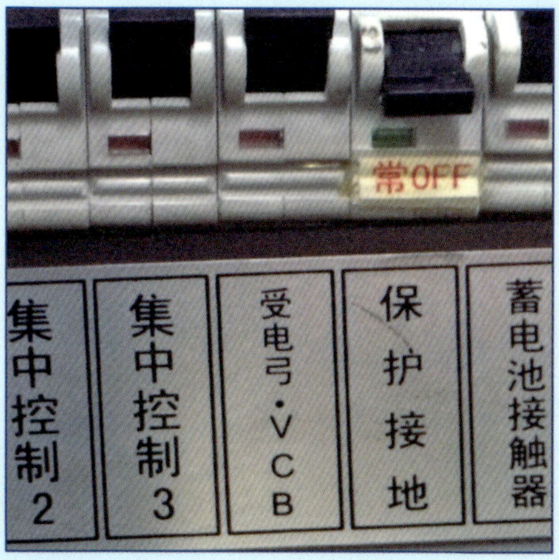
3	**准备未完**	1. 若“准备未完”显示灯亮，则右旋“辅助空气压缩机控制”旋钮保持 3 s，启动辅助空气压缩机打风，直到准备未完显示灯灭	
		2. 将方向手柄置于“关”位，按压“VCB 合”按钮	
4	**断开“受电弓断路器”断路器［CRH380A(L)/CRH2C］**	1. 立即断开 2、6 车（CRH380A 型、CRH2C 型）或 2、8、10、14 车（CRH380AL 型）组合配电盘中的“受电弓断路器”断路器	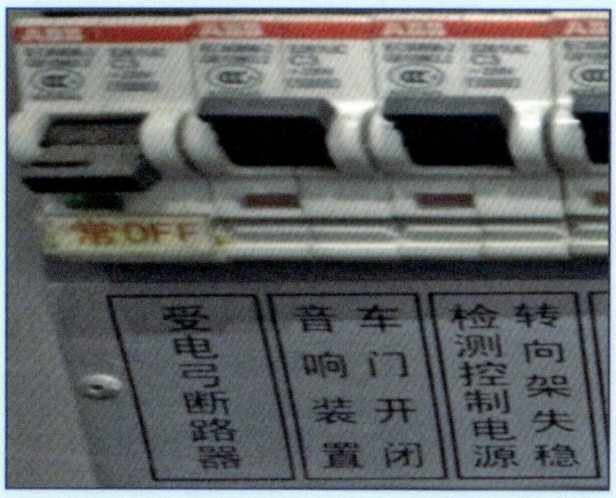
		2. 处理完毕，通知司机再次按压“VCB 合”按钮	
5	**真空断路器故障**	1. 如果主断仍不能闭合，断开 2、6 车（CRH2A 型）或 2、4、6 车（CRH2C 型、CRH380A 型）或 2、6、10、14 车（CRH2B 型、CRH2E 型）或 2、4、6、8、10、12、14 车（CRH380AL 型）配电盘中的“真空断路器”断路器	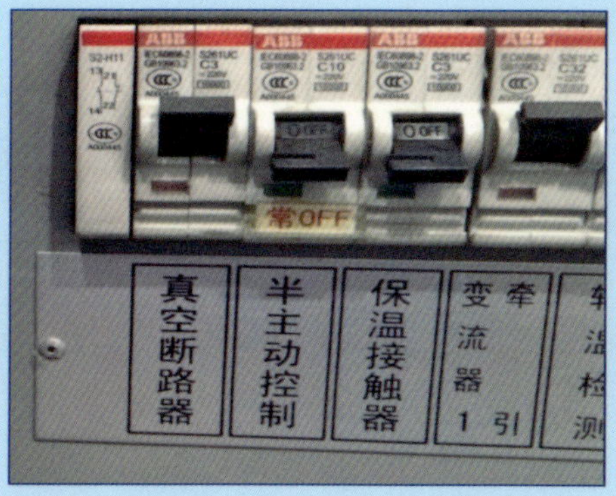

No.	项　目	要　点	图　示
5	真空断路器故障	2. 断开完毕，通知司机	
		3. 随车机械师逐个闭合“真空断路器”断路器，并通知司机依次进行 RS 复位按压“VCB 合”按钮	
		4. 通过此操作判断导致全列 VCB 不能闭合的故障单元	
		5. 断开该对应单元对应组合配电盘中的“真空断路器”断路器	
		6. 司机远程切除故障 VCB 单元，并闭合 ACK2 进行扩展供电	
6	过分相导致主断不闭合	1. 若动车组过分相区后全列 VCB 不能闭合，立即确认受电弓升起车厢对应组合配电盘中的“过分相 VCB 控制 1”、“过分相 VCB 控制 2”、“过分相装置电源”、“过分相控制 1”、“过分相控制 2”断路器是否处于闭合状态，若断开，则闭合	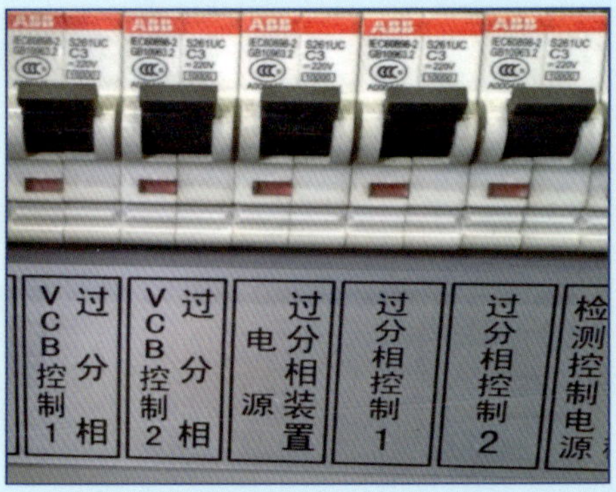
		2. 确认完毕，通知司机	
		3. 若动车组过分相区后，全列 VCB 仍不能闭合，司机采取手动过分相	

No.	项　　目	要　　点
1	申请救援	1. 时间:动车组发生故障后,如果区间停车超过 20 min、站内停车超过30 min后,仍无法判明故障原因或虽已判明故障原因,但短时间内难以处置修复时
		2. 随车机械师通知司机,由司机申请救援
2	确认命令	1. 抄记命令号及内容
		2. 确认救援动车组车型车号、来车方向、连挂方式(直接连挂/使用统型过渡车钩)
		3. 与司机共同到达救援连挂端
		4. 确认下车命令,确认临线限速(封锁)命令
3	防止亏电	当受电弓无法升起、主断不闭合或接触网无电时:断电、降弓、拔主控
4	设置防溜	1. 通知司机施加停放制动
		2. 停放制动失效,设置防溜
5	设置防护	1. 在仅运行动车组的线路上
		(1)与司机联系,要求司机收到救援动车组接近的联控时,立即告知随车机械师
		(2)救援动车组到来前,进行救援准备工作
		(3)接到司机通知后立即停止救援准备工作,按照规定进行防护
		a. 穿戴好防护背心、携带信号旗(白天)或手信号灯(夜间)到救援动车组开来方向,距离列车不小于 300 m 处,手信号拦停
		b. 非会车侧站立,防止侵限,注意人身安全
		c. 停车后,引导救援动车组再次启动到达救援位置停妥
		2. 在动车、客车混跑及既有线路上
		(1)与司机联系,要求司机收到救援动车组接近的联控时,立即告知随车机械师
		(2)在救援动车组来车方向,距离本列车不小于 300 m 处放置响墩
		(3)返回本车进行救援准备
		(4)接到司机通知后立即停止救援准备,到防护处准备引导
		a. 穿戴好防护背心、携带信号旗(白天)或手信号灯(夜间)到救援动车组开来方向,救援车停车后,与救援司机联控,撤除响墩
		b. 非会车侧站立,防止侵限,注意人身安全
		c. 引导救援车再次启动到达救援位置停妥,准备连挂
6	被救援动车组	1. 开头罩,伸出自动车钩
		(1)电动操作:通知司机电动开头罩
		(2)手动操作
		a. 断开前车钩开闭机构电源 74-F13
		b. 打开左侧的总风管截断阀盖板
		c. 关闭开闭机构的压缩空气供给阀 Z07/2,关闭自动压缩空气供给
		d. 使用 16 mm 六角扳手将头罩锁闭装置解锁

No.	项　目	要　点
6	被救援动车组	e. 将抗旋转杆向上抬起 90°，锁闭开闭机构导流罩，防止其关闭
		2. 随车机械师关断救援动车组连挂端电气车钩气路阀门，并确认列车管截断塞门（CRH3 系 Z13）、总风管截断塞门（CRH3 系 Z17）处于“关”位；打开 Z30 阀门，将动车组受电弓切除
		3. 安装过渡车钩（模块 3）
		4. 安装过渡车钩（模块 2），注意红线对齐，穿销安装到位
		5. 退出司机室占用，拔下占用钥匙；关断“蓄电池”开关；将“拖曳”开关置“开”位
		6. 非救援连挂端“信号灯”开关置于“红灯开”位
		7. 注：CRH380CL 型动车组除上述操作外，需隔离 ASD 及 ATP；将头尾车电气柜内的 43F09 断路器断开；插入并打开主控钥匙，通过 BN2 蓄电池开关 32S03 启动蓄电池 BN2 供电，并拔出钥匙；断开各车各电气柜内 21F××、22F××、23F××、24F××、31F××、34F××、36F××、42F××、45F××、52F××断路器（目的是保证 BCU 持续 BN2 供电）
7	救援动车组	开头罩
		（1）电动开
		a. 投主控
		b. 确认闭合司机室配电盘内“联解控制”断路器
		c. 通知司机操作头罩打开
		d. 确认头罩打开，锁闭到位
		（2）手动开
		a. 拔主控
		b. 钻入司机室前舱，将“头罩开”、“头罩关”、“分并总”截门关闭
		c. 打开二道门，使用工具将卡簧顶出并设法卡住，下车将头罩手动搬开，确认卡簧卡入锁定位
8	开车准备	1. 被救援动车组随车机械师引导救援动车组以不大于 5 km/h 的速度进行连挂
		2. 被救援动车组随车机械师联控救援动车组司机进行试拉
		3. 被救援动车组随车机械师负责连接制动风管（避免运行打坏设备），并确认连接状态良好
		4. 救援与被救援动车组随车机械师分别确认各自动车组列车管截断塞门处于“关”位，被救援动车组管好盖板
		5. 被救援动车组随车机械师负责切除本列空气制动和停放制动
		6. 被救援动车组司机投入主控钥匙，并将制动手柄置于“缓解”位，随车机械师通过司机室屏确认全列制动切除状态，确认良好后断蓄电池、拔取主控
9	制动试验	救援动车组司机进行简略制动试验，被救援动车组随车机械师联控救援动车组司机进行滚动试验，确认制动切除状态良好
10	运行监控	1. 救援列车开车，限速 60 km/h 运行
		2. 被救援动车组随车机械师负责监控蓄电池电压（CRH3 系不低于 96 V）和总风压力（不低于 530 kPa）

No.	项　　目	要　　点
1	申请救援	1. 时间：动车组发生故障后，如果区间停车超过 20 min、站内停车超过 30 min后，仍无法判明故障原因或虽已判明故障原因，但短时间内难以处置修复时
		2. 随车机械师通知司机，由司机申请救援
2	确认命令	1. 抄记命令号及内容
		2. 确认救援动车组车型车号、来车方向、连挂方式（直接连挂/使用统型过渡车钩）
		3. 与司机共同到达救援连挂端
		4. 确认下车命令，确认临线限速（封锁）命令
3	防止亏电	当受电弓无法升起、主断不闭合或接触网无电时：断电、降弓、拔主控
4	设置防溜	1. 通知司机施加停放制动
		2. 停放制动失效，设置防溜
5	设置防护	1. 在仅运行动车组的线路上
		（1）与司机联系，要求司机收到救援动车组接近的联控时，立即告知随车机械师
		（2）救援动车组到来前，进行救援准备工作
		（3）接到司机通知后立即停止救援准备工作，按照规定进行防护
		a. 穿戴好防护背心、携带信号旗（白天）或手信号灯（夜间）到救援动车组开来方向，距离列车不小于 300 m 处，手信号拦停
		b. 非会车侧站立，防止侵限，注意人身安全
		c. 停车后，引导救援动车组再次启动到达救援位置停妥
		2. 在动车、客车混跑及既有线路上
		（1）与司机联系，要求司机收到救援动车组接近的联控时，立即告知随车机械师
		（2）在救援动车组来车方向，距离本列车不小于 300 m 处放置响墩
		（3）返回本车进行救援准备
		（4）接到司机通知后立即停止救援准备，到防护处准备引导
		a. 穿戴好防护背心、携带信号旗（白天）或手信号灯（夜间）到救援动车组开来方向，救援车停车后，与救援司机联控，撤除响墩
		b. 非会车侧站立，防止侵限，注意人身安全
		c. 引导救援车再次启动到达救援位置停妥，准备连挂
6	被救援动车组	1. 开头罩，伸出自动车钩
		（1）电动操作：通知司机电动开头罩
		（2）手动操作
		a. 将三通阀由主供风转至外部供风

No.	项　目	要　点
6	被救援动车组	b. 按压解锁手柄使止动螺杆松开，并将手柄转至解锁位置，释放头罩锁，到位后释放解锁手柄以咬合止动螺杆
		c. 打开头罩（推、掰、推）并锁闭
		d. 确认头罩定位销到位
		2. 随车机械师关断救援动车组连挂端电气车钩气路阀门，并确认列车管截断塞门（CRH5 型 Z06）、总风管截断塞门（CRH5 型 Z05）处于“关”位；打开 Z30 阀门，将动车组受电弓切除
		3. 安装过渡车钩（模块 3）
		4. 安装过渡车钩（模块 2），注意红线对齐，穿销安装到位
7	救援动车组	开头罩
		(1)电动开
		a. 投主控
		b. 确认闭合司机室配电盘内“联解控制”断路器
		c. 通知司机操作头罩打开
		d. 确认头罩打开，锁闭到位
		(2)手动开
		a. 拔主控
		b. 钻入司机室前舱，将“头罩开”、“头罩关”、“分并总”截门关闭
		c. 打开二道门，使用工具将卡簧顶出并设法卡住，下车将头罩手动搬开，确认卡簧卡入锁定位
8	开车准备	1. 被救援动车组随车机械师引导救援动车组以不大于 5 km/h 的速度进行连挂
		2. 被救援动车组随车机械师联控救援动车组司机进行试拉
		3. 被救援动车组随车机械师负责连接制动风管（避免运行打坏设备），并确认连接状态良好
		4. 救援与被救援动车组随车机械师分别确认各自动车组列车管截断塞门处于“关”位，关闭好盖板
		5. 被救援动车组随车机械师负责切除本列空气制动和停放制动
		6. 被救援动车组司机投入主控钥匙，并将制动手柄置于“缓解”位，随车机械师通过司机室屏确认全列制动切除状态
9	制动试验	救援动车组司机进行简略制动试验，被救援动车组随车机械师联控救援动车组司机进行滚动试验，确认制动切除状态良好
10	运行监控	1. 救援列车开车，限速 60 km/h 运行
		2. 被救援动车组随车机械师负责监控蓄电池电压（CRH5 型动车组不低于 20 V）和总风压力（不低于 530 kPa）